關心太太，是每天最重要的工作。

抱抱

家事好簡單

太太先生❷
謝謝你愛我

馬修／著

擦地也擦亮
太太的心

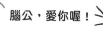
腦公，愛你喔！

太太給你靠

太太，我永遠愛妳

我們相戀六百個日子後，就決定步入婚姻了。

結婚後的生活，和相戀時期很不一樣，

變得可以每天看見對方，

不論是任何的優點，

甚至是缺點都會毫無遮掩地被看見。

相處本來就不是一件簡單或是輕鬆的事，

但一起生活後，

可以互相學習優點，也可以互相提醒缺點

記得～是提醒，不是糾正！

相處時的生活態度很重要，

理直更要氣柔，

感情才能更長久。

很多人說，

男人結婚後會變。

確實會變，

但要變的是更用心、再更用心。

因為你把你愛的女人娶回家了，

是你一輩子要一起生活的人，

是你一輩子要互相照顧的人。

對我來說，

婚姻不只是一張證書，

更是一個責任。

這是馬修的第二本書了，

謝謝一直在支持馬修，

也一直支持我們一家人的你們～

有時候看見你們在粉絲團留言，

真的很開心！

因為也把粉絲團的你們都當成朋友了，

所以儘管只是簡單的一個留言，

我們看見也很高興，

未來我也會繼續分享我們的生活給大家，

希望你們看完書後，會開心滿滿的～

Matthew

Contents 目錄

Contents 目錄

靠妖喔...

板糞

喔喔喔

CHAPTER 01

太太，我會好好疼愛妳一輩子。

太太就是娶回家好好疼、好好愛的。

當你喜歡一個人，很自然地會想對他好，我的太太，當然就是我最喜歡的人了，因此，對太太好，對我來說很自然。同時，更因為太太對我也很好，所以對她更會想傾全力地付出。人和人之間都是彼此互相的，這是我們一直以來做得很好的一點。

夫妻之間，吵架是難免的。但重點在於，吵完後，能不能好好地思考和反省，我覺得尤其在爭吵後，調整自己的心態很重要。吵架的時候，讓彼此有一點冷靜的時間和空間也很重要。

我和太太吵架時，通常都是我先道歉。
因為我常覺得，有時候的爭吵，只是為了解決一些問題，並不是要吵到誰輸誰贏，所以先低頭認錯，並不是認輸了，只是希望彼此的關係能更好。

我覺得現代的女性都蠻有個性的，也都很有想法。
不過偶爾來點撒嬌，我覺得對彼此是個很棒的潤滑劑，而且男生也很吃這套！

一定要跟太太一樣

今天出門
穿這件吧~

好巧喔~
又是情侶裝

你又偷看..
我換衣服了吧...

奇怪...
記得..明明放在這裡的!

腦公～
你有看到我的...

嗯？

面..膜..嗎..

那我也一樣！

小姐我要一杯
多多綠茶～

那我也跟她一樣！

老闆我要一碗麵線

這個你跟不了了吧!!

裙子大特價

其實有時候，很多事情都想跟你一樣

是什麼?

腦游～
在一起這麼久
妳知道我有什麼習慣嗎?

習慣妳在我身邊～

磨蹭～

你真的...
很矯情..

男人就該這樣

最喜歡這樣摟著妳睡～

5 分鐘後 手好麻…

太太，我會好好疼愛妳一輩子。

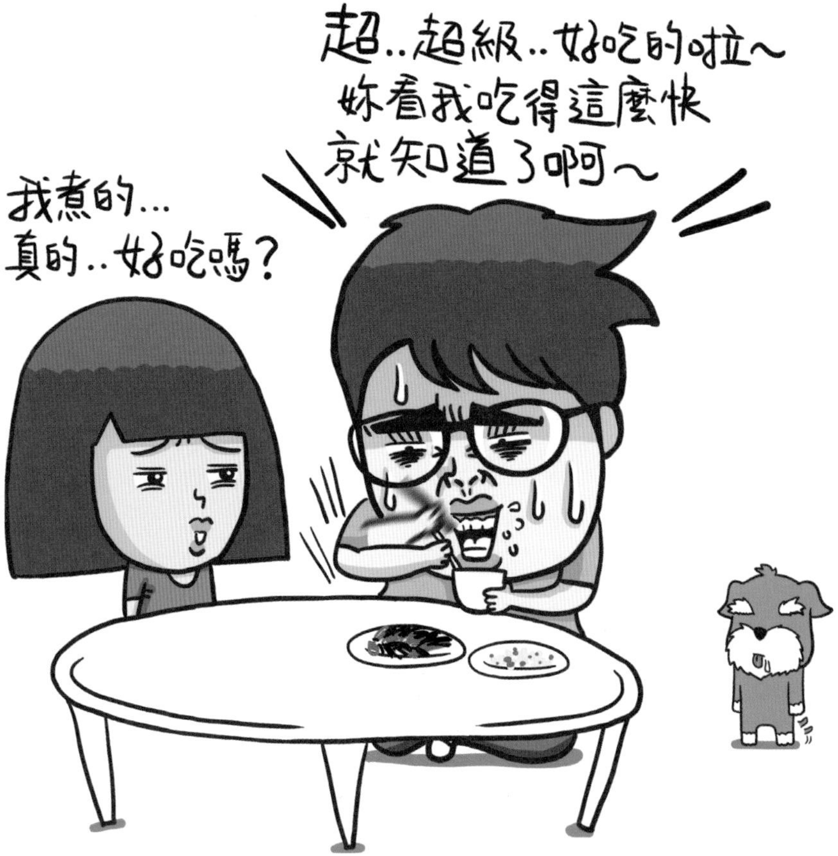
我煮的...
真的..好吃嗎?
超..超級..好吃的啦~
妳看我吃得這麼快
就知道了啊~

我覺得～
你這樣太瘦不好看～

回不去了...

CHAPTER 01
太太，我會好好疼愛妳一輩子。

你看！
蜜月時我氣色好～又瘦
那時候還不錯看～
可是...現在..肚子大大的..
以後瘦不下來怎麼辦...

沒關係啦～
不管妳變怎樣～我都愛妳
而且～在我眼裡
妳怎樣都漂亮啊～

腦公～

感動～

就算變成這樣還是可愛啊～

我想揍人...

每天一起滾床

常常要叫太太起床時

腦海～
起床了喔
去吃早餐吧～

最後，卻被拖上床睡了……

太太，我會好好疼愛妳一輩子。

當太太是 3C 破壞王

當然 ok 啊～

腦公～
有電腦問題想問你
可以教我嗎？

好～
呃..昨天好像教過妳...

電腦問題..
教我..

沒關係～
我教妳！

又忘了...

腦公需要的是耐性

我前幾天用還ok耶...

腦公～幫我看看行車紀錄器
怪怪的..有點問題...

我昨天用還可以用耶...

腦公～幫我看看電扇
動不了了耶...

我剛剛才用...
沒問題耶...

腦公～
電腦壞了耶...

只好獻上自己

腦公～我的滑鼠好像壞了
你可以給我一個好用的嗎？

來!用這個～

↑ 滑鼠側面

....

太太，我會好好疼愛妳一輩子。

腦公～
我朋友送我一塊主機板
她說很好用,而且好貴
可以給你用喔～

哇～人真好!
好貴是貴在哪?我看看

是不是很好跪!
以後處罰用這塊了!

男人，很需要被崇拜

腦公～
我打不開罐頭..

好帥喔～
你怎麼那麼酷
好勇猛好強壯喔～

還好啦～

太太，我會好好疼愛妳一輩子。

男人的煩惱

簡單啊！你給我錢,
我再買給你就解決了啊！

好想買PS4的遊戲玩
但又不想花錢...苦惱

那還是花我的錢啊...

可是我幫你解決了苦惱！

CHAPTER 01
太太，我會好好疼愛妳一輩子。

甜言蜜語

妳好漂釀～

浪漫情趣

送妳花～

日常驚喜

特地為妳
煮的菜～

夫妻倆的真面目

在彼此面前，我們總是笑到最開心

哭到最傷心

CHAPTER 01
太太，我會好好疼愛妳一輩子。

網路斷線，剛剛好

CHAPTER 01
太太，我會好好疼愛妳一輩子。

網路斷線了

剛才那部電影
你覺得好看嗎？

我不知道耶！
因為我都在看妳～

裝帥

你以為你睡著
我沒看到嗎！！

故意問的

CHAPTER 01
太太，我會好好疼愛妳一輩子。

腦公～
你的健保卡..
好像被我弄不見了..

慘了..
要被碎唸了..

沒關係～
再補辦就好了啊～

CHAPTER 01
太太，我會好好疼愛妳一輩子。

那我幫妳熱敷～　　我手好痠喔..

不用熱敷～
你幫我呼呼就好了～

撩太太我第一名

哈哈哈哈哈

妳可以別笑了嗎！

CHAPTER 01
太太，我會好好疼愛妳一輩子。

幹嘛!!
笑一下就生氣喔!!

因為妳再笑
會讓我再墜入愛河的～

一秒都不能離開

太太～
我做錯了什麼?
為什麼這樣對我...

我進去吹冷氣而已
很愛演耶你.....

有一種愛

是一見鍾情的愛

是持續一直愛

:

CHAPTER 02

不管哪個角度，我的太太全世界最美！

夫妻之間，需要一點小樂趣

我覺得婚姻的維持，就是以開心的態度過每一天！

我覺得夫妻之間不只是夫妻的角色，也是彼此很好的玩伴和朋友。而且，畢竟是自己選擇要一起走一輩子的人，也是自己選擇投入婚姻、一起生活的，因此不需要太嚴肅。

我常常會在網路上找一些笑話，然後回家講給太太聽，雖然有些她覺得很冷很無聊。我也常常會有撒嬌的舉動，太太常說我像女生 XD。

我覺得這些相處，都是增進彼此關係很棒的方式，當然偶爾也要來一點驚喜，讓對方能感受到你的用心。

腦公們，也請你們常常溫柔地去體貼女人。

然後請你們用心，一天比一天更用心，因為用心才會讓對方感受到溫度，感受到溫暖。別讓彼此的感情，變成只是一種公式。

我跟朋友有聚會
你想跟嗎?

想啊想啊!!當然想!

可是我不想!!

你一起跟過來
就不能說休壞話了

神祕 D 槽

脑公脑公～
我可以参观
你的神秘 D 槽吗？

我的 D 槽很少啦～
也没什麼在看...

拜偷拜偷～
我不会生气啦～

那好吧..

你的 D 槽有 **500G** 耶!!
而且好满喔!

你很遜耶!
沒幾下就抖
這我也會多

妳那麼行...
那妳來多啊!!

哼!
要坐還不簡單

太太很嬌小的好處

腦公～
如果以後我老了
你會怎樣？

我也老了！

太太哪裡不一樣

我回來了～

他發現了!!

月齒婆～
妳今天不一樣喔!

妳今天怎麼
沒買晚餐..
餓..

幫太太吹頭髮的幸福感，總讓我感動不已。

我想..
我還是自己來吧..

腦公～我會磨牙..
結婚後的生活
請你多多包涵了..

寶貝～
我不准妳這麼說!
只要妳在身邊～
多吵我都願意忍耐!!

目空的比我還快
是要忍耐什麼啦..

秒睡王

呼ㄥ 呼ㄥ 呼ㄥ

不要一直滑手機就好了啊!!

脖子好痠..

褲子好緊...

不要穿褲子就好了啊!!

轉過去!!不准偷看!

掉

哎呀～
又讓妳賺到了～

一點都不想看好嗎..

掉

腦婆~妳在喝什麼？
我也要喝！

我在喝**生化湯**！

那妳等等..
是不是會變**生化人**!!

......

CHAPTER 02
不管哪個角度，我的太太全世界最美！

CHAPTER 02
不管哪個角度，我的太太全世界最美！

太太好多分身

太太有時候像情人

有時候也像個好朋友

有時更像個媽媽

因為想吃

太太愛睡覺

腦婆~
該起床了喔~

好啦…

喂!!
妳這叫換地方睡吧!

出門前總是忍不住，多看妳幾眼……

好羨慕喔！
還在睡～

喂～
腦婆～喂～喂～
怎麼沒聲音?!

喂喂～喂喂喂～
幹嘛不講話啊!
腦婆～
喂～

原來是耳機插著!!

你知不知道我很忙!!
打過來都不講話幹嘛!!
你死定了!!

腦公也有會怕的時候

小女生時期很怕蟑螂

當了媽媽後還是很怕

CHAPTER 02
不管哪個角度，我的太太全世界最美！

你是不是想吃宵夜
看你一副很餓的臉

沒有啊～

我就沒有啊～

真的餓就不要撐了喔～

你的肚子餓得
咕嚕咕嚕叫
真的很吵耶!!

其實是妳想吃吧...
要吃啥?我去買啦..

CHAPTER 02
不管哪個角度，我的太太全世界最美！

新遊戲好好玩～

腦公～
你可以借我
Try Try 看嗎？

好難得妳想玩
當然好啊！
來！隨妳Try

好好踹喔～
一直打電動,很爽嘛!

踢

你撞到我的手了啦！

對不起對不起！
來～腦公秀秀

好痛喔..

74

沒有用！

為什麼!!
又不是故意～
而且我有道歉啊!
也有幫妳秀秀...

因為你..
握錯手了

吃青菜

腦公...

青菜（台語）

我都還沒講
就青菜...

呸！呸！
給我吃啥啦！

來!!青菜!

樹葉

男女上廁所大不同

腦公～
可以借一下廁所嗎？
我想尿尿...

好啊～

你跟我説..我其實可以...
先把廁所讓給你..

妳怎麼好像常常
每個月都跟我多收錢啊...

妳算數有問題嗎..

那是因為長輩說過
做女人不要太精明啊!

我又算錯了喔
不好意思～

感覺很故意..

CHAPTER 03

愛與關心，是每天
都要準備給太太的禮物！

小祕密，讓太太和先生更甜蜜。

朝夕相處的夫妻，一定有很多只有彼此才知道的笑點。
我覺得這些都要好好收藏，因為這就是專屬兩人的樂趣。

另外，擁有一些彼此才知道的小祕密，也很有趣。
仔細想想，我們除了「關燈」以外，好像沒別的暗號了，
因為這是最重要的事了 XD

也有粉絲分享說，平常睡覺燈都全關，但⋯⋯如果老公今
天開小夜燈⋯⋯嗯！

其實設計一個小暗號，對彼此也是很有趣的互動！

除了有趣之外，有時候用代號或暗號的好處，就是在外面
和對方調情、開玩笑的時候，講暗號出來時，都沒人聽得
懂比較自在。另外就是，直接說出來，總覺得有點害羞啦！

這樣才算貼心

下班後去買水果

回家後處理切片

這是我下班後特地買來
切給妳吃的喔!!

等太太回來後用力邀功（這個步驟最重要）

呃？怎麼那麼好！

今天不用按了～
你去玩PS4吧！

你錢交出來就行了
按摩店的比較專業！

永遠關心

CHAPTER 03
愛與關心，是每天都要準備給太太的禮物！

要相互關心

92

CHAPTER 03
愛與關心，是每天都要準備給太太的禮物！

腦公ㄟ別說我對你不好
今天給你關燈機會

但你要先拖地
倒完垃圾、洗碗
然後洗衣服、曬衣服
最後再把我鴿子哄睡
這些做完就可以了！

關燈　關燈
關燈　關燈
關燈

沈醉中

你剛才說什麼？

原來太太要抱抱

NO～

杯子？

不是～

手機？

愛與關心，是每天都要準備給太太的禮物！

玩PS4？
這次應該對了吧！

不是啦～

原來妳是要我
過來抱抱喔～

使命必達

這幾天我會去辦

交待你的事
做好了嗎？

幾天後

事情辦好了嗎？

最近會去弄

沒差啊～
反正事情沒弄好
你就別想抱我了!!

隔天

稟報夫人～
事情已圓滿達成!!

腦婆～我回來了

你回來了喔～

從今天開始
妳要幫我洗澡喔～

為啥?!
才不要咧!!

啊..乾..
推不掉了...

CHAPTER 03
愛與關心，是每天都要準備給太太的禮物！

今天是不是工作不
順利啊?看妳臉
臭臭的,等妳洗
完澡,我住妳
抱.住妳摸,我
已經在房間等你
了,而且是裸體的喔

一夜好眠

真正的相處，不只是為了取悅自己而已

我們總是互看一眼就知道對方的心意

腦婆～今天3月1日妳的生日
這是花和禮物～祝妳生日快樂

我記錯了嗎..
慘了...

你搞錯時間了!!

我是過3/1～3/31
整個月都是我的生日!!

你好像沒送過我
貴重的東西耶!!

哪有!!

明明就有!!

我的肉體
無價!!

該睡了

每對情侶都有專屬的暗號

關燈

太太勾引我

脱掉內在美
好舒服啊～

你在幹嘛啦…

好好吃喔～

一起吃火鍋

好羞喔～

當太太的暖暖包

快來啊～
棉被好溫暖喔～

一起窩在棉被裡

CHAPTER 03
愛與關心，是每天都要準備給太太的禮物！

太太～今天是母親節～
妳好好休息和放鬆～
今天小孩和家事都交給我了!!

抱

我想要每天!!

太太幫我過生日

是關火登

你有事嗎...
是要幫你慶生啦!!

愛與關心,是每天都要準備給太太的禮物!

我太太她…

專心，太太才會安心

想關燈？
看你今天表現了

稍早前

心甘情願，婚姻就幸福

不給關燈就搗蛋!!

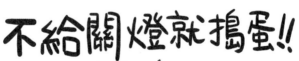

現在的中秋節
好像除了烤肉
就沒別的活動可選了耶..

有啊！關燈賞月

月亮呢？

我好像感冒了...
好不舒服...

來親我一下！
把感冒傳給我吧!!
妳的感冒就會好了~
我來承擔妳的痛苦

你少在那邊！
假關心真關燈!!

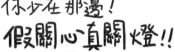

CHAPTER 04

親愛的太太，謝謝妳

生下這個可愛的孩子！

● CHAPTER 04
親愛的太太，謝謝妳生下這個可愛的孩子！

太太，謝謝妳！妳真的辛苦了！

我記得交往的時候，有一年計畫去帛琉玩。那時我有提到因為太熱，想穿籃球衣去，但後來沒時間去買，也就沒穿去了。但到了帛琉的飯店後，太太把行李箱打開，裡面有好幾件籃球衣！

原來，她早就偷偷幫我買了，想讓我驚喜一下。
當時，我是真的蠻開心的！覺得她很用心！

生活中很多事，也常常都是替我著想，還記得有一次工作不順利，打電話跟她訴苦。那天下班時，我一回到家，她就馬上衝過來給我一個大大的擁抱，我真的很感動，覺得開心。

而自從太太懷孕後，我就是一直緊張！
因為開始上網看資料，才發現其實懷孕生產，對女性來說還是會有風險。所以當時整個腦袋只是希望太太平安、小孩平安就好。

太太的貼心，在有了鵝子以後依舊不減。
有時候工作很忙時，她也會把小孩帶出門或帶開，讓我好好地工作，真的也讓我覺得她好貼心。

懷孕皇帝大

親愛的太太，謝謝妳生下這個可愛的孩子！

我肚子有你的小孩喔!!

懷孕好好玩

假駱駝

親愛的太太,謝謝妳生下這個可愛的孩子!

哦?!是什麼優點?

腦公腦公～
我發現懷孕有個優點!

聖賢模式狀態中..

你看!爆乳!爆乳耶!!

孕婦按摩服務

太太～
聽了大家的建議後
今天開始
幫妳擦全身吧～

你確定你受的了誘惑嗎?!

這位施主～
妳也太失禮了!
我現在是聖賢模式耶!
妳怎麼可以懷疑我!!

可是聖賢...

哎呀..

你的褲子
怎麼鼓鼓的啊!!

孕婦洗澡服務

脳公～
我肚子變大了..不好彎腰..
要麻煩你幫我洗澡了～

當然 OK !!

泰國浴～如何洗～
土耳其浴～

太 OVER 了喔...

搜尋中～

CHAPTER 04
親愛的太太，謝謝妳生下這個可愛的孩子！

好～

客人請把衣服先放好
請問今天...
要染黑的嗎?

靠妖喔...

板凳

133

孕婦無極限

孕婦最可愛

CHAPTER 04
親愛的太太，謝謝妳生下這個可愛的孩子！

太太好硬?!

真的好硬喔～

超硬的!

好緊繃...
超不舒服..

CHAPTER 04

親愛的太太，謝謝妳生下這個可愛的孩子!

思念加倍

每天急急忙忙地趕回家

只是想趕快回家看到妳

鵝子～
你以後要跟爸爸一樣長得高高的喔～
不可以跟媽媽一樣像哈比人喔～

鵝子鵝子～
我是把拔～
有聽到踢2下！

鵝子鵝子～
你開心來我們家嗎?
是的話踢4下！

鵝子鵝子～
你覺得爸爸帥嗎?
是的話踢7下！

夠了沒!!
再踢下去
我肚皮要破了啦!

鵝子鵝子
你...

才8點夕你就要睡了喔！

有這麼可怕喔...

很夕人跟我說
現在能睡就睡
不然等小孩出生後
就不用睡了！

我鵝子～
麻麻放很棒的胎教音樂給你聽喔～
你覺得好聽嗎？

我怎麼覺得...
音樂...是放給你把拔聽的..

剪刀、石頭...

布!

我贏了!
那以後管教小孩時
我當白臉~
你就是黑臉啦!哈哈

來啊!怕妳喔!!

一道一千敢不敢?

你輸的話..給我一千
我輸的話..

我兒子跟你姓!!

有事腦公要幫忙

我的錢..彎不下腰..

我來!

CHAPTER 04
親愛的太太，謝謝妳生下這個可愛的孩子！

太太千萬要休息

親愛的太太，謝謝妳生下這個可愛的孩子！

妳是不是又偷做家事了!!
跟妳說過幾百次了
家事讓我做好了
妳給我好好休息、

對不起啦～
腦公你真的對我好好～
好港動～

等妳做完月子,之後還是會有
很多機會給妳做的嘛～

‥‥‥

懷孕的太太，很敏感

最近又變胖了..
懷孕真的會讓我肥死..

又生肉！

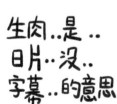

生肉..是..
日片..沒..
字幕..的意思

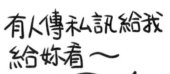

太太千萬不能受傷

男人，受點小傷沒關係！

親愛的太太，謝謝妳生下這個可愛的孩子！

懷孕的太太，一點小傷都不行！

鵝子的名字

腦公～
我們來想一想
鵝子的名字吧!!

菇菇～
妳覺得楊過如何!

還是楊四郎呢!!
嘿喝!!

銬邀咧...
找錯人討論了...

親愛的太太，謝謝妳生下這個可愛的孩子！

還記得第一眼看見妳
一見鍾情的那時～
沒想到現在～我們要當爸媽了～

最幸福的時刻，就是和妳和寶寶一起。

太太先生❷ 謝謝你愛我

作　　　者　馬修

編　　　輯　徐詩淵

校　　　對　徐詩淵、黃莛勻

封面設計　劉錦堂、黃珮瑜

美術設計　劉錦堂、黃珮瑜

發行人　程顯灝

總編輯　呂增娣

主　　　編　徐詩淵

資深編輯　鄭婷尹

編　　　輯　吳嘉芬、林憶欣

編輯助理　黃莛勻

美術主編　劉錦堂

美術編輯　曹文甄、黃珮瑜

行銷總監　呂增慧

資深行銷　謝儀方、吳孟蓉

發 行 部　侯莉莉

財務部　許麗娟、陳美齡

印 務 部　許丁財

出 版 者　四塊玉文創有限公司

總 代 理　三友圖書有限公司

地　　　址　106台北市安和路二段二一三號四樓

電　　　話　(02) 2377-4155

傳　　　真　(02) 2377-4355

E-mail　service@sanyau.com.tw

郵政劃撥　05844889 三友圖書有限公司

總 經 銷　大和書報圖書股份有限公司

地　　　址　新北市新莊區五工五路二號

電　　　話　(02) 8990-2588

傳　　　真　(02) 2299-7900

製版印刷　卡樂彩色製版印刷有限公司

初　　　版　二〇一八年九月

定　　　價　新台幣二五〇元

ISBN　978-957-8587-39-7（平裝）

國家圖書館出版品預行編目(CIP)資料

太太先生2謝謝你愛我 / 馬修著. -- 初版. --
臺北市：四塊玉文創, 2018.09

面； 公分

ISBN 978-957-8587-39-7(平裝)

1.婚姻 2.夫妻 3.漫畫

544.3　　　　　　　　　107013763

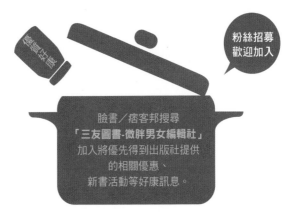

親愛的讀者：
感謝您購買《太太先生2 謝謝你愛我》一書，為回饋您對本書的支持與愛護，只要填妥本回函，並寄回本社，即可成為三友圖書會員，將定期提供新書資訊及各種優惠給您。

姓名 _____　出生年月日 _____
電話 _____　E-mail _____
通訊地址 _____
臉書帳號 _____
部落格名稱 _____

1 年齡
□18歲以下　　□19歲～25歲　　□26歲～35歲　　□36歲～45歲　　□46歲～55歲
□56歲～65歲　□66歲～75歲　　□76歲～85歲　　□86歲以上

2 職業
□軍公教 □工 □商 □自由業 □服務業 □農林漁牧業 □家管 □學生
□其他 _____

3 您從何處購得本書？
□博客來 □金石堂網書 □讀冊 □誠品網書 □其他 _____
□實體書店

4 您從何處得知本書？
□博客來 □金石堂網書 □讀冊 □誠品網書 □其他 _____
□實體書店 _____ □FB（三友圖書-微胖男女編輯社）
□好好刊（雙月刊） □朋友推薦 □廣播媒體

5 您購買本書的因素有哪些？（可複選）
□作者 □內容 □圖片 □版面編排 □其他 _____

6 您覺得本書的封面設計如何？
□非常滿意 □滿意 □普通 □很差 □其他 _____

7 非常感謝您購此此書，您還對哪些主題有興趣？（可複選）
□中西食譜　□點心烘焙　□飲品類　□旅遊　□養生保健　□瘦身美妝　□手作　□寵物
□商業理財　□心靈療癒　□小說　□其他 _____

8 您每個月的購書預算為多少金額？
□1,000元以下　　□1,001～2,000元　　□2,001～3,000元　　□3,001～4,000元
□4,001～5,000元　□5,001元以上

9 若出版的書籍搭配贈品活動，您比較喜歡哪一類型的贈品？（可選2種）
□食品調味類　□鍋具類　□家電用品類　□書籍類　□生活用品類　□DIY手作類
□交通票券類　□展演活動票券類　□其他 _____

10 您認為本書尚需改進之處？以及對我們的意見？
_____

感謝您的填寫，
您寶貴的建議是我們進步的動力！

燈光暗一點，夫妻關係更美好！